Palabras en mi maleta

Coordinación de la colección: Mariana Mendía
Coordinación editorial: Mónica Bergna
Texto "En mi maleta": Fanuel Hanán Díaz
Coordinación de diseño: Javier Morales Soto

Palabras en mi maleta

Texto e ilustraciones D.R. © 2018, Samuel Castaño

Primera edición: junio de 2018
D.R. © 2018, Ediciones Castillo, S.A. de C.V.
Castillo © es una marca registrada.

Insurgentes Sur 1886, Florida,
Álvaro Obregón,
C.P. 01030, Ciudad de México, México.

Ediciones Castillo forma parte del Grupo Macmillan.

www.edicionescastillo.com
Lada sin costo: 01 800 536 1777

Miembro de la Cámara Nacional de la Industria Editorial Mexicana
Registro núm. 3304

ISBN: 978-607-540-055-6

Impreso en México/*Printed in Mexico*

Samuel Castaño

Palabras en mi maleta

Textos basados en testimonios de personas
en situación de desplazamiento forzado

Me tengo que despedir de Laura.
No me quiero separar de ella. Yo regresaré.
Seguro.

Testimonio de madre colombiana inmigrante en Ecuador, 2016.

Una balsa, un tren, un túnel.

¿No es lo mismo?

Testimonio de joven cubana que fue interceptada
en una balsa rumbo a Miami, 2016.

Mi mamá dice que lo más peligroso
de atravesar el desierto no son los alacranes,
ni las víboras, ni los coyotes.
Bueno, los coyotes sí.

Testimonio de niño mexicano emigrante en el desierto de Sonora
durante su viaje rumbo a Estados Unidos, 2015.

"Ya llegó el gringo..."
Pues allá soy mexicano y aquí soy gringo,
¿quién entiende?

Testimonio de niño mexicano migrante deportado
de Estados Unidos, 2018.

Nos tenemos que ir,
como si estuviéramos huyendo.

Testimonio de niño español a bordo del *Mexique*,
rumbo a México durante el exilio español, 1937.

Me siento en un bosque, siguiendo huellas
para tratar de descubrir quién soy.

Testimonio de niña polaca refugiada en Boston, procedente
del campo de refugiados de Salzburgo, después de ser secuestrada
por los nazis durante la Segunda Guerra Mundial, 1946.

Mi mamá dice que nos tenemos que ir,

que ésta no es mi guerra.

¿Cómo que no es mi guerra? Aquí nací.

Cuando sea grande regresaré.

Testimonio de niño hondureño, desplazado
dentro de su país para evitar la violencia de los maras, 2016.

Tengo un conflicto. No sé si quiero recordar,
no sé si quiero olvidar.

Testimonio de niña polaca refugiada en México,
tras el bombardeo de Varsovia
durante la Segunda Guerra Mundial, 1939.

Yo era muy chico cuando nos fuimos;
no recuerdo nada de mi casa.

Testimonio de niño judío-alemán refugiado en Argentina,
después de sobrevivir al Holocausto, 1945.

Estaba lista para morir...

Ahora estoy lista para vivir.

Testimonio de niña nigeriana inmigrante en Italia,
tras ser rescatada en el Mediterráneo, 2017.

¿Hablarán allá mi mismo idioma?

Mejor me pongo a aprender señas...

¿Serán las mismas señas?

Testimonio de niño magrebí inmigrante en Francia, 1997.

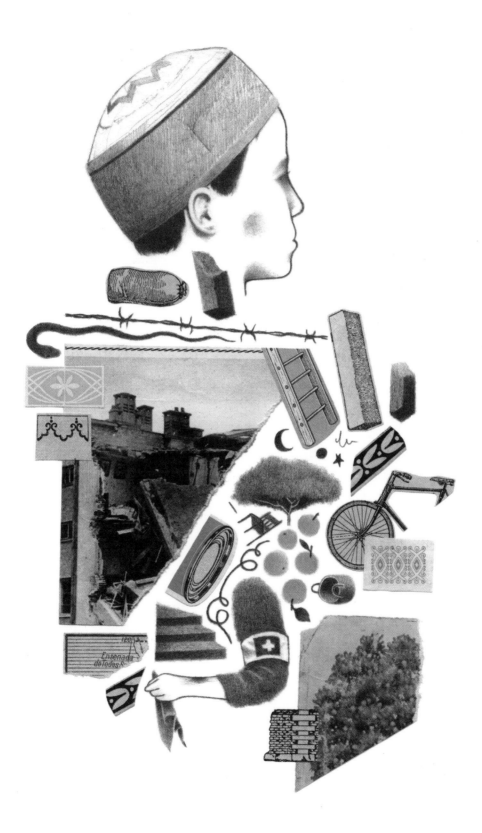

Y al salir me tomaré una foto,
como todos los demás. Es la última que falta.

Testimonio de niña venezolana emigrante
rumbo a Chile durante el madurismo, 2018.

A mí nadie me preguntó si me quería ir.
Tampoco nadie me preguntó
si me quería regresar.

Testimonio de niño colombo-venezolano de regreso a Colombia
durante el chavismo, 2015.

Para mí está claro:

uno es de la tierra que pisa.

Testimonio de joven venezolano inmigrante en México,
desplazado por la violencia contra los estudiantes
durante el madurismo, 2017.

No recuerdo a mi abuela; me fui cuando tenía cinco años. ¿Me reconocerá?

Testimonio de mujer cubana inmigrante en Miami,
ante el restablecimiento de las relaciones diplomáticas
entre Estados Unidos y Cuba, 2015.

En mi maleta

Fanuel Hanán Díaz

Perder el lugar de origen es quizá una de las experiencias más difíciles, junto con la ausencia de un ser querido y el abandono. Dejar atrás las raíces, echarse a andar, a veces sólo con lo que se tiene en la mano, y emprender un camino lleno de incertidumbres es cortar el cordón que ata a la tierra, a los recuerdos. Las palabras se agolpan mientras los pies sacuden el polvo. ¿Llegaré bien a mi destino? ¿Cómo será ese sitio a donde voy? ¿Qué pasará con las cosas que quedaron, con mis amigos, con mi casa?

El universo es un extenso mapa de migraciones; muchas rutas se trazan en ese lienzo impalpable: las semillas que vuelan livianas, los miles de animales que se desplazan en busca de alimento, las arenas brillantes de las dunas que se mueven furiosas o los peces que remontan los ríos para dejar sus huevos en aguas más seguras. Los seres humanos también nos mudamos de un lugar a otro, a veces porque nos parece una buena decisión, a veces porque no tenemos otra alternativa.

En los lugares del mundo donde existen guerras o eventos violentos, donde hay hambre, grandes catástrofes o intolerancia, las personas se ven obligadas a dejar sus casas y trasladarse a otra región, a otro país. Y en este viaje precipitado se arriesga la vida, se dejan atrás los afectos y se empieza a sentir en el corazón, muy adentro, que a uno le han quitado una parte de la vida. Y la única forma de no olvidar es abrazar los recuerdos.

No se elige ser un migrante; a veces es la única opción entre la vida o la muerte. En esta encrucijada, uno se deja llevar, sin siquiera saber por qué se tiene que partir. Muchos migrantes en el mundo llevan un dolor en el cuerpo, que se asoma en los ojos cuando se está pensando en las cosas que quedaron atrás. ¿Volveré algún día a ese lugar imaginario de la nostalgia? Quizá, algún día… Y de este tejido de recuerdos no sólo se alimenta la memoria, sino también las historias pequeñas e íntimas de aquellos que aún sueñan con el regreso.

Impreso en los talleres de
Impresos Santiago, S.A. de C.V.
Trigo 80-B, Granjas Esmeralda,
Iztapalapa, C.P. 09810,
Ciudad de México, México.
Junio de 2018.